Sitzungsberichte
der Akademie der Wissenschaften
der DDR
Gesellschaftswissenschaften

Jahrgang 1981 · Nr. 7/G

Hans Mottek

Zu den Entwicklungsgesetzmäßigkeiten des kapitalistischen Geldsystems

AKADEMIE-VERLAG · BERLIN
1982

Vortrag von Hans Mottek, Ordentliches
Mitglied der Akademie der Wissenschaften
der DDR, in der wissenschaftlichen Sitzung
des Plenums am 18. September 1980

Herausgegeben im Auftrage
des Präsidenten der Akademie
der Wissenschaften der DDR
von Vizepräsident Prof. Dr. Heinrich Scheel

ISSN 0138-4015
Erschienen im Akademie-Verlag, DDR-1086 Berlin, Leipziger Str. 3—4

Lizenznummer: 202 · 100/47/82
Gesamtherstellung: VEB Druckhaus Köthen
Bestellnummer: 754 0151 (2010/81/7G) · LSV 0315
Printed in GDR
DDR 2,— M

Einleitung

Bereits ein oberflächlicher Blick auf die aktuellen Fragen der kapitalistischen Wirtschaft der Gegenwart verrät uns, welche Bedeutung Geldprobleme dabei haben. Es sei hier nur an die ständigen Berichte über Inflationsprozesse erinnert und die weniger häufigen über Währungskrisen, Abwertungen, aber auch Aufwertungen bestimmter nationaler Geldsorten. Es wird auch keinen Ökonomen geben, der über aktuelle Probleme spricht, der sich mit diesen Fragen nicht auseinandersetzt, ihre Bedeutung nicht anerkennt. Dasselbe kann man allerdings keineswegs von an den mit prinzipiellen theoretischen Problemen befaßten Politökonomen, ebenso wenig auch über die meisten Wirtschaftshistoriker sagen. Bei beiden gibt es durchaus Tendenzen zur Unterschätzung des Geldes, als eines theoretischen als auch theoretisch-historischen Problems. Nicht völlig verschwunden sind solche Einstellungen, die mehr oder minder das Geld als etwas Unreelles, Fiktives ansehen, im Vergleich zu den reellen Prozessen der Schaffung physischer Gebrauchswerte in der materiellen Produktion. Das hängt bei vielen und nicht nur marxistischen Ökonomen traditionell mit den jahrzehntelang andauernden Auseinandersetzungen, mit monetären Theorien zusammen, welche das Geld über alle Maßen herausheben, welche in der Manipulation mit Geld oder auch der Reform des Geldsystems ein Allheilmittel für alle Krankheiten des Kapitalismus sehen. Deshalb fehlt den aktuellen Betrachtungen über die Geldprobleme im heutigen Kapitalismus in einem gewissen Maße das tkeoretisch-historische Hinterland. Das erschwert es auch, Prognosen über die Weiterentwicklung des kapitalistischen Geldsystems als Teil der Gesamtentwicklung des Kapitalismus aufzustellen. Solche Prognosen müssen ja auf der festen Basis einer theoretisch-historischen Analyse der vergangenen Entwicklungsprozesse beruhen, aus deren Fortsetzung bzw. Widersprüchen sich die Konturen der Zukunft erkennen lassen. Es ist deshalb notwendig, weiter in die Vergangenheit und tiefer in die Grundprobleme der ökonomischen Theorie zurückzugreifen, um in der Bearbeitung der aktuellen Geldprobleme sowie der Prognosen weiterzukommen.

1. Die Haupttendenz des Geldsystems und die Widersprüche der Goldwährung

Jeder, der Elementarkenntnisse über die Politische Ökonomie des Kapitalismus erworben und sich mit dem „Kapital" in den Grundzügen vertraut gemacht hat, ist imstande, bei Karl Marx eine Grundlinie in der Jahrtausende währenden Entwicklung des Geldsystems zu finden, welche im 19. Jahrhundert einen Kulminationspunkt erreicht hat. Es geht hierbei um die Herausbildung einer einzigen Geldware, des Goldes, als allgemeinen Äquivalents. Diese Entwicklung war zu der Zeit, als Karl Marx das „Kapital" schrieb, noch keineswegs abgeschlossen. Erst das letzte Drittel des 19. Jahrhunderts sieht, wenigstens in den fortgeschrittenen kapitalistischen Ländern den Sieg des Goldes über das Silber, die Durchsetzung dessen, was wir die Goldwährung nennen. Das reelle Geld, die Geldware als allgemeines Äquivalent, ist zu dieser Zeit nur das Gold, wobei Karl Marx weitgehend Gold und Geld als reelles Geld miteinander identifiziert. Jedoch war dieser Sieg des Goldes keineswegs der einzige Entwicklungsprozeß, der sich im Jahrhundert von Karl Marx deutlich zeigte und der in den Arbeiten von Karl Marx hohe Beachtung fand.

Die zweite Entwicklungstendenz, die wir als Haupttendenz bezeichnen wollen und die allerdings in diesem Jahrhundert noch keineswegs ihren Kulminationspunkt erreichte, war das Vordringen der Geldsurrogate. Bevor wir uns mit dieser Frage auseinandersetzen, gilt es einmal, entsprechend dem Vorgehen von Karl Marx im 2. Band des „Kapital" von diesen Geldsurrogaten zu abstrahieren. Nur auf diese Weise gelangen wir zu den Widersprüchen des reellen Geldes, verkörpert durch das Gold und des darauf beruhenden Geldsystems und finden eine vollständigere Erklärung für die Rolle und das Vordringen der Geldsurrogate. Diese Widersprüche werden offenkundig, wenn wir die Bewegung des reellen Geldes im Prozeß der kapitalistischen Reproduktion, insbesondere der kapitalistischen erweiterten Reproduktion betrachten.

Fassen wir hierbei den 2. Band des „Kapital" von Karl Marx ins Auge, so fällt auf, daß Karl Marx die Produktion des Goldes und die einfache sowie die erweiterte Reproduktion der Geldbestände in den allgemeinen Prozeß der Reproduktion einbezieht. Dabei macht er einen Schritt, den Rosa Luxemburg in ihrem Buch: „Die Akkumulation des Kapitals" kritisiert hat. Zunächst ordnet er die Produktion von Gold in die Abteilung I ein, was sich aus der Eigenschaft des Goldes als Arbeitsgegenstand ergibt. Dabei widmet er aber dem Gold, der Goldproduktion im Rahmen der Analyse des Reproduktionsprozesses im 2. Band des „Kapital" eine sehr große Aufmerksamkeit. Das mag bei manchem Verwunderung erwecken, der mechanisch Zirkulation und Produktion gegenüberstellt und das Gold, das Geld, als ein Mittel der Zirkulation betrachtet. Dabei wird aber vernachlässigt, daß nicht nur der Weg von der Produktion zur konsumtiven Konsumtion durch die Zirkulation ermöglicht wird, sondern auch die Produktion direkt selbst. Ist es doch ein elementarer Fakt, daß die auf Arbeitsteilung, auf einem hohen Maß von Vergesellschaftung beruhende Produktion nur durch den Austausch innerhalb der Produzenten möglich ist. Die Arbeitsteilung voneinander unabhängiger Produzenten wird ja — und das ist ein Axiom der Politischen Ökonomie — durch den Austausch vermittelt. Eine Unterbrechung des Austausches, eine Unterbrechung der Zirkulation macht die Herstellung des Endproduktes unmöglich. Die Unterbrechung der Zirkulation innerhalb der Produzenten hat dieselbe Wirkung, wie eine Zerstörung der Transportverbindungen. Und das Geld spielt gewissermaßen die Rolle eines Transportmittels, das die Warenbewegung ebenso ermöglicht, wie etwa eine Lokomotive. Und nur aus dieser Sicht der Betrachtung des Goldes, des Geldes, als Transportmittel läßt sich jene große Aufmerksamkeit, die Karl Marx der Rolle der Goldproduktion im Reproduktionsprozeß beimißt, erklären.

Aus der Einordnung der Goldproduktion in die Abteilung I zieht Karl Marx die natürliche Schlußfolgerung, daß die erweiterte Reproduktion des Kapitals auch eine erweiterte Reproduktion der Gold-, Geldbestände einschließt, ja darüberhinaus, daß bestimmte Proportionen zwischen der Goldproduktion und der Gesamtproduktion eingehalten werden müssen. Im Zusammenhang mit der Notwendigkeit einer proportionalen Zunahme der Goldbestände und Goldproduktion ergibt sich die Frage, inwieweit Störungen des Reproduktionsprozesses durch ein Zurückbleiben der Goldproduktion möglich sind. Karl Marx schließt nun eine solche Möglichkeit zwar keineswegs aus. Ja darüber hinaus spricht er in einer wenig beachteten Bemerkung im 2. Band davon, daß ein Zurückbleiben der Goldproduktion, ihre unproportionale Entwicklung weitgehend eine Gesetzmäßigkeit darstellt. Jedoch würde dadurch in der ökonomischen Realität der Reproduktionsprozeß nicht aufgehalten werden, da — wie Karl Marx sagt — der Kredit sich als ein, wenn auch im gewissen Sinne fragwürdiger Ausweg erweist. Durch das auf Grundlage des Kredits geschaffene Kreditgeld, die entsprechenden Geldsurrogate, wird und wurde die Durchführung des Prozesses der erweiterten Reproduktion auf der Grundlage der Goldwährung ermöglicht. Aus dieser Quelle her rührt auch — wenn auch keineswegs allein — die grundlegende Tendenz zur Verdrängung des Goldes, des reellen Geldes aus allen monetären Sphären. Dabei hängt diese Verdrängung auch damit zusammen, daß die Inanspruchnahme des Kredits als Ausgleich für die zurückbleibende Goldproduktion neue Widersprüche schafft, den Weg für neue Störungsmöglichkeiten eröffnet, deren vorläufige „Lösung“ zumeist in einer immer weiteren Zurückdrängung des reellen Geldes und keineswegs in der Rückkehr zu einer Goldzirkulation besteht. Insgesamt haben wir hier eine, wenn auch keineswegs die einzige Begründung für die im 19. und 20. Jahrhundert fortschreitende Zurückdrängung des reellen Geldes durch Geldsurrogate und damit für einen gesetzmäßigen Prozeß, deren Ergebnisse uns heute immer wieder beschäftigen. Um diesen Prozeß besser verstehen zu können, wollen wir uns mit der Geldverfassung zur Zeit der Goldwährung auseinandersetzen, also eine Geldverfassung, in der das Gold das einzige reelle Geld war, aber in der doch schon Geldsurrogate eine bedeutende Rolle spielten. Das damals existierende System ist durch folgende Grundzüge gekennzeichnet:

1. Es zirkulierten Geldsurrogate neben Goldmünzen, aber für diese Geldsurrogate bestand eine Einlösepflicht in reelles Geld. Umgekehrt konnte das Goldmaterial jederzeit in Münzen oder Geldsurrogate eingewechselt werden. Auf diese Weise wurde gewährleistet, daß eine bestimmte Einheit nominellen Geldes, daß Pfund, Franc, Dollar oder Mark für lange Zeit einem bestimmten Quantum Gold entsprach, ein bestimmtes, gleichbleibendes Quantum Goldes verkörperte.

2. Bei den verschiedenen Geldsurrogaten bildete sich eine Hirarchie heraus. Betrachten wir die einzelnen Surrogate, so finden wir einmal Wechsel mit vielen Unterschriften, dann das sogenannte Buchgeld, also die Bankguthaben, mit denen man ja auch Waren kaufen und Schulden bezahlen konnte, und schließlich die Banknoten. Die Banknoten standen in der Hirarchie der Geldsurrogate auf der höchsten Stufe; denn immer mehr wurden Banknoten und nicht nur Goldmünzen als Bargeld bezeichnet und vertraten bei der Auszahlung von Bankguthaben und der Bezahlung von Wechseln die Goldmünzen. Die Tatsache, daß das Kreditgeld und das darauf beruhende Kreditsystem eine außerordentlich zunehmende Empfindlichkeit gegenüber Zusammenbruchsketten, Geldkrisen, zeigte, führte schon in der Mitte des vorigen Jahrhunderts zu der von Friedrich Engels herausgehobenen staatlichen Garantie für die Banknoten, vor allem in England, die dieser eine im Vergleich zu anderen Geldsurrogaten bevorzugte Stellung gaben.

3. Zur Sicherheit der Stabilität der in der Surrogate-Hirarchie an erster Stelle stehenden Banknoten wurden zusätzliche Vorschriften erlassen. Diese bestanden zumeist darin, das die Banknoten nur geschaffen, gedruckt werden durften, wenn dafür sogenannte kurze gute Warenwechsel hingegeben wurden. Auf diese Weise sollte gesichert werden, daß mehr Geld, mehr Banknoten nur in dem Ausmaß gedruckt werden, je mehr Ware in Umlauf kam. Dabei übersah man allerdings, daß hohe Wechselbeträge, z. B. für Baumwollgarn, nicht nur zustande kommen konnten, wenn mehr Baumwollgarn produziert wurde bzw. zirkulierte, sondern auch, wenn der Preis für Baumwollgarn gestiegen war. Auf diese Weise konnten vorangegangene Preissteigerungen rückwirkend durch die Banknotenausgabe mit guter Wechseldeckung finanziert werden und wurden auch in den Boomperioden des Kapitalismus finanziert. Darüber hinaus schloß man in diesem Währungssystem die Möglichkeit aus, daß sich der Staat der Notenpresse zur Finanzierung seiner Ausgaben bediente daß also durch Kredit an den Staat Kreditgeld Banknoten gedruckt wurden. Das war Ergebnis einer historischen Erfahrung der Bourgeoisie in den früheren Jahrhunderten, in denen das aufkommende Bürgertum unter den Münzverfälschungen der Fürsten ebenso litt, wie unter anderen inflationären Manövern. Darüberhinaus strebte das Bürgertum traditionell danach, dem Staat keine unabhängigen Geldquellen zu sichern und ihn in bezug auf seine Kreditgewährung von privaten Banken, von Privatanleihen abhängig zu machen.

4. Die Tatsache, daß eine bestimmte nominelle Geldeinheit für längere Zeit einem gleichbleibenden Quantum Gold entsprach, sicherte die nominelle Geldeinheiten vor einer langfristigen Entwertung, einer Zeit der chronischen Preissteige-

rung. Also das Sinken des Wertes des Geldes konnte in diesem System nicht andauern. Es wurde immer wieder durch die entgegengesetzte Tendenz abgelöst. Damit wurde auf längere Frist, wenn auch mit vielen Schwankungen, der Wert des Geldes weitgehend aufrecht erhalten. Darauf beruhte die Lebensplanung der meisten Mitglieder der Bourgeoisie, die sich vor dem 1. Weltkrieg in hohem Maße als zukünftige Rentiers fühlten, wenn sie nicht schon solche waren.

Durch die Tatsache, daß eine nominelle Einheit des nationalen Geldes für lange Zeit einem bestimmten Quantum Gold entsprach, wurde auch eine feste Relation aller solcher Geldeinheiten, Dollar, Pfund, Franc, Mark zueinander ermöglicht, und durch die Relation konnten sie nur um die sogenannten Goldpunkte schwanken. Im Grunde gab es deshalb in dieser Zeit ein internationales Geld, eine internationale Währung, eben ein Weltgeld. Dieses Weltgeld verband die nationalen kapitalistischen Wirtschaften miteinander, verhinderte auch im Rahmen dieser Länder grundlegende Unterschiede in der Preisbewegung, in der zyklischen Bewegung. Die Goldwährung war also der große Integrator im Weltkapitalismus.

Unter diesem Goldwährungssystem, wie es konkret vor dem 1. Weltkrieg bestand, wurde natürlich nicht soviel Gold für den Reproduktionsprozeß benötigt, wie es ohne Banknoten und andere Geldsurrogate der Fall gewesen wäre, aber es wurde doch auch reelles Geld benötigt. Und bei gleichbleibender Geldverfassung gilt auch hier das Postulat, das steigende Produktion, erweiterte kapitalistische Reproduktion eine entsprechende erweiterte Reproduktion des Geldmaterials zur Voraussetzung hatte. Eine Verringerung der Anforderungen setzte Veränderungen in der Geldverfassung voraus; Veränderungen in der Geldverfassung waren aber nicht leicht zu erreichen, da hier Stabilitätsinteressen des Kapitalismus und konkrete Interessen bedeutender Teile der herrschenden Klasse im Spiel waren. Veränderungen der Geldverfassung setzten also kritische Situationen, politische Auseinandersetzungen, Zuspitzungen von Widersprüchen, also im Grunde auch Störungen des Reproduktionsprozesses voraus, wofür insbesondere auch die Geldgeschichte Großbritanniens in den 30er/40er Jahren des vorigen Jahrhunderts Beispiele lieferte.

Dabei muß man beachten, daß bei konstanter Geldverfassung die Höhe der Anforderungen an die Goldproduktion sich keineswegs nur aus der Steigerung der Gesamtproduktion ergaben. Vielmehr haben wir das paradoxe Faktum zu verzeichnen, daß der Kredit, daß das Kreditgeld zwar auf der einen Seite die Befriedigung des auf andere Weise nicht zu deckenden Geldbedarfs ermöglicht, auf der anderen Seite aber auch neuen Geldbedarf schafft. Ermöglichte doch der geldschaffende Kredit eine höhere Preissteigerung in der aufsteigenden Phase des Zyklus, als es ohne ihn der Fall gewesen wäre. Karl Marx spricht in diesem Zusammenhang im 3. Band von Kreditaufblähung oder in den Theorien über den Mehrwert von einer „Inflation of Prices“. Die Preissteigerungen haben aber dann wiederum die Tendenz, sich zu verselbständigen und einen „gesellschaftlich dringenden“ Bedarf nach zusätzlichem Geld zu schaffen, das für die Zirkulation der Gesamtproduktion zu den erhöhten Preisen notwendig ist. So wächst ja bekanntlich in Zeiten der Teuerung der Geldbedarf mit der Teuerung.

2. Die Durchsetzung der Haupttendenz

Auf diese Weise wurde nach der Mitte der 90er Jahre des 19. Jahrhunderts und dann der Jahrhundertwende ein Bedarf nach Geld erzeugt, der weder durch Goldmünzen, noch durch entsprechend der bestehenden Geldverfassung produzierte Banknoten befriedigt werden konnte. So kam es schon vor dem 1. Weltkrieg zu einer Krise der Goldwährung, zu Versuchen, die Geldverfassung zu reformieren, um den Goldbedarf zu verringern. Die ersten Schritte dazu waren in Deutschland die Herausgabe von Banknoten in kleineren Beträgen, wodurch eine weitere Zurückdrängung der Zirkulation mit Goldmünzen ermöglicht und der Gebrauch von Gold weiter ökonomisiert wurde.

Unter diesem Gesichtswinkel nur können wir die Auswirkungen des 1. Weltkrieges, der Kriegs- und Nachkriegsinflation auf die weitere Entwicklung des kapitalistischen Geldsystems verstehen. Sicherlich brachte der 1. Weltkrieg die Beseitigung der Goldwährung, indem die Einlösbarkeit der Banknoten in Gold aufgehoben und die Goldmünzen aus dem Verkehr gezogen wurden. Gewiß beseitigte der 1. Weltkrieg jenes Grundprinzip des bürgerlichen Währungssystems, welches den Staat von dem unmittelbaren Zugang zur Notenpresse, zur Produktion von Geldsurrogaten ausschloß. Und das setzte sich verstärkt in vielen kapitalistischen Ländern nach dem Weltkrieg fort. Aber das war insofern nichts Neues, als große und lange Kriege schon früher zum Vordrängen des Papiergeldes geführt hatten. Beispiel dafür sind die napoleonischen Kriege und der amerikanische Bürgerkrieg. Sicher waren die Folgen des 1. Weltkrieges tiefergreifend und die Nachkriegsinflation länger. Aber die Erschütterung der Goldwährung vor dem 1. Weltkrieg war zumindestens ein Faktor, welcher die volle Wiederherstellung der Goldwährung in der Zeit der relativen Stabilisierung des Kapitalismus in den 20er Jahren verhinderte. Ein weiterer bekannter Faktor, den ich hier noch nennen möchte, war die Konzentration der Goldvorräte als Folge des 1. Weltkrieges in den USA, was zu einem akuten Mangel an Edelmetall in anderen kapitalistischen Ländern, insbesondere auch in Deutschland, führte.

Das Neue in der mühsam geflickten Goldwährung bestand nur darin, daß das Gold jetzt von der Zirkulation ausgeschlossen war, ausschließlich also der Deckung im Innern und dem Zahlungsausgleich nach außen diente. Darüber hinaus wurde selbst für die Deckung in Deutschland und anderen Ländern das Gold durch Gold gedeckte Devisen ergänzt. Man spricht in diesem Zusammenhang infolge der fehlenden Zirkulationsfunktion des Goldes von einer Goldkernwährung, infolge der Deckung der Banknoten nicht nur durch Wechsel und Gold, sondern auch durch Devisen von einer Golddevisenwährung. Hierin zeigt sich der gesetzmäßige Trend, das Zurückdrängen des Goldes durch Geldsurrogate, deutlich.

Aber selber die Tage dieser eingeschränkten Goldwährung waren in den Hauptländern des Imperialismus nur recht kurz. Die entscheidenden und schwersten Schläge, von denen sich die Goldwährung bis heute nicht erholt hat, gingen von der Weltwirtschaftskrise aus, die 1929 begann. Die Weltwirtschaftskrise, welche die Existenz des Kapitalismus bedrohte, bedeutete bekanntlich auch eine Wende in der Entwicklung der staatsmonopolistischen Regulierung, sowohl nach ihrer Zielrichtung, wie nach ihrer Intensität. Indem die staatsmonopolistische Regulierung jetzt in den Dienst des Kampfes gegen Krise und Zyklus gestellt wird, erwies sich die Bindung an das Gold, an die internationale Währungsrelation als ein Hemmnis. Man muß in diesem Zusammenhang die Tatsache sehen, daß die Intensivierung der staatsmonopolistischen Regulierung sich zwar in verschiedenen Ländern gleichzeitig vollzog, aber doch eine Regulierung einzelner souveräner Staaten bildete. Die staatsmonopolistische Regulierung war im Krisen- und Nachkrisenstadium damit verbunden, dem Staat die Möglichkeit des Zugangs zum Notenbankkredit, zur Geldschöpfung zu geben; erhöhte Staatsausgaben sollten im Sinne des späteren Keynesianismus die Konjunktur beleben. Darüber hinaus erwies sich staatliche Hilfe als notwendig, um das Bankensystem vor dem Bankrott zu schützen; staatliche Garantien, die früher für die Banknoten eingeführt worden waren, sollten jetzt auch privaten Banken für das von ihnen herausgegebene Buchgeld dienen. Das alles bedeutete eine Verstärkung der Rolle des Staates und der mit dem Staat immer mehr verbundenen Notenbank. Das bedeutete eine Aufgabe des Prinzips, um das die Bourgeoisie solange gekämpft und solange bewahrt hatte, das Prinzip nämlich, außer im Krieg und den unmittelbaren Nachkriegszeiten den Staat vom Notenbankkredit, von der Notenpresse fernzuhalten. Darüber hinaus sollte das Abgehen von der Goldwährung den einzelnen Ländern die Möglichkeit geben, die Währungsabwertung in den Dienst ihres Kampfes um den Weltmarkt zu stellen. So begann sich unter den Schlägen der Weltwirtschaftskrise das international mühsam geflickte Goldsystem in ein System nationaler Papierwährungen aufzulösen, die miteinander in mehr oder geringerem Maße in einer Art Wirtschaftskrieg standen. Der zweite Weltkrieg vollendete dann diese Auflösung der internationalen kapitalistischen Wirtschaft und des damit verbundenen Weltgeldsystems.

Nach dem 2. Weltkrieg ergab sich für die übriggebliebenen kapitalistischen Länder eine völlig neue Lage. Bei Strafe des Untergangs waren sie angesichts der Errichtung des sozialistischen Weltwirtschaftssystems, angesichts des Verfalls des Kolonialsystems, angesichts der Zuspitzung des Klassenkampfes und des zunehmenden Selbstbewußtseins des Proletariats gezwungen, neue Wege zu gehen und zu diesem Zweck die Wissenschaft, auch die Wirtschaftswissenschaft stärker einzuschalten. Für das Geldsystem ergab sich daraus folgendes:

Im nationalen Rahmen kam eine Wiederherstellung der Goldwährung nicht mehr in Betracht, selbst nicht in dem eingeschränkten Maße, in dem das in der Zeit der relativen Stabilisierung der Fall gewesen war. Die Goldwährung stand nach allgemeiner Ansicht einer antizyklischen staatsmonopolistischen Regulierung im Sinne des praktischen Keynesianismus entgegen, hinderte den Einsatz des Kredits in dieser Richtung, den Einsatz sowohl für die Finanzierung antizyklischer Staatsausgaben, wie auch die Finanzierung der sogenannten privatkapitalistischen Wirtschaft. Und dabei ist zu beachten, daß die staatsmonopolistische Regulierung, die man anstrebte und auch weitestgehend verwirklichte, im Gegensatz zur Rüstungs- und Kriegswirtschaft sich nicht der Methoden der Zwangsregulierung, des sogenannten Dirigismus bedienen sollte, sondern der indirekten Methoden. Diese indirekten Methoden waren aber eben monetär. Für sie spielten Geld, Währung, Finanzen, die entscheidende Rolle, oder anders ausgedrückt: Die Regulierung war eine Regulierung durch Geld, durch Geldstöme. Deshalb wurde nach dem 2. Weltkrieg die Goldwährung keineswegs wieder hergestellt, auch nicht einmal in dem Maße, wie das nach dem 1. Weltkrieg geschehen war. Gewiß spielte in der neu sich herausbildenden Währungsverfassung in den entwickelten kapitalistischen Ländern das Gold eine gewisse Rolle. Diese Rolle bestand darin, daß das Gold weitgehend noch neben den Devisen als Reserve diente und es bei der zentralen Reservewährung des imperialistischen Geldsystems, dem Dollar, eine Golddeckung gab. Aus diesem Grunde spricht man auch von einer Devisengoldwährung im Vergleich zur Golddevisenwährung zwischen den Weltkriegen. M. E. wird aber dadurch der qualitative Umschlag nicht erfaßt, der nach dem 2. Weltkrieg im Vergleich zu den 20er Jahren sich vollzogen hatte; ein Umschlag, der das Gold außerstande setzte, seine traditionelle Funktion im wesentlichen Umfange zu erfüllen.

Die Tatsache, daß eine effektive Goldwährung nach dem 2. Weltkrieg nicht wieder hergestellt werden konnte, beraubte aber die kapitalistischen Länder des traditionellen Weges zur Wiederherstellung einer kapitalistischen Weltwirtschaft, zur Intensivierung der Wirtschaftsbeziehungen unter ihnen selbst. Um nun den Zerfall der kapitalistischen Weltwirtschaft zu überwinden, wieder zu einem internationalen Geldsystem, zu einem Weltgeld ohne allgemeine Wiedereinführung der Goldwährung zu gelangen, war man gezwungen, einen anderen Weg zu wählen, der überdies der ökonomischen und militärischen Vormachtstellung des USA-Imperialismus entsprach. Der Dollar wurde eben als Reservewährung, als offizielles Weltgeld gewissermaßen anstelle des Goldes eingeführt. Das wurde dadurch unterstützt, daß die Golddeckung für den Dollar selbst noch nicht aufgehoben wurde. Auf dieser Grundlage erzielte man aber im Laufe der 50er Jahre eine Wiederherstellung der gegenseitigen Konvertibilität der Währungen der entwickelten kapitalistischen Länder, eine Intensivierung des Außenhandels, eine Verstärkung integrativer Tendenzen. Auch hier spielte die Notwendigkeit, neue Wege bei Strafe des Untergangs zu gehen, eine wichtige Rolle.

Jedoch konnten die Anfangserfolge des Geldsystems der 50er Jahre nicht über die tiefen Widersprüche hinwegtäuschen, durch die es dann auch später zerstört wurde. Es erwies sich, daß der Dollar eben auf die Dauer keineswegs die Rolle des Goldes annehmen konnte. Auch bei dem Dollar handelte es sich, obwohl die Bindung an das Gold noch bis Anfang der 70er Jahre offiziell aufrecht erhalten wurde, in Wirklichkeit um ein Papiergeld. Durch den Glanz des Dollars wurde nur zeitweilig die Tatsache verschleiert, daß sich eine völlige Umwälzung im Geldsystem vollzogen hatte, daß das reelle Geld aufgehört hatte, seine Funktion zu erfüllen, daß die Preise jetzt nicht mehr mit einem Maßstab gemessen wurden, der im reellen Geld bestand. Anstelle der Gold-Geld-Preise, d. h. Preise im Medium des Gold-Geldes, treten jetzt Papiergeldpreise auch im Lande des Dollars bzw. der mit dem Dollar verbundenen Länder auf.

Der qualitative Umschlag, der sich im Geldsystem der kapitalistischen Länder vollzogen hat, wurde offensichtlich und unbestreitbar in dem Augenblick, als für die Reservewährung, Dollar, die Bindung an das Gold offiziell mit der Einlösungspflicht aufgehoben wurde, was 1971 geschah und weiterhin dem Gold auch die Rolle als zweite Währungsreserve genommen wurde (Demonetisierung des Goldes). Jetzt, seit Anfang der 70er Jahre, spricht man allgemein von einer Papierwährung. Der qualitative Umschlag kann eben nicht mehr geleugnet werden. Die Verdrängung des reellen Geldes durch das Geldsurrogat hat sich also spätestens Anfang der 70er Jahre vollendet.

Damit ist auch die oft gestellte Frage nach dem Wesen des heutigen Geldes in den entwickelten kapitalistischen Ländern weitgehend beantwortet. Es ist eben Papiergeld, und Papiergeld hat es ja schon früher gegeben. Karl Marx hat es in seinem Werk erwähnt. Spricht doch Karl Marx bekanntlich von einem Papiergeld mit staatlichem Zwangskurs, wie es etwa im Zeitalter der Französischen Revolution und des amerikanischen Bürgerkrieges gegeben hat. Die Frage nach dem Wesen des heutigen Papiergeldes reduziert sich also weitgehend auf die Frage nach dem Wesen des Papiergeldes mit staatlichem Zwangskurs, wie es Karl Marx dargelegt hat. Allerdings bestand bei diesem Papiergeld nach Marx immer noch eine Bindung an Gold bzw. ein anderes Währungsmetall. Nur vertrat eine Nominaleinheit dieses Papiergeldes keine konstante, sondern ein immer geringeres Quantum Gold. Beim Marx'schen Papiergeld mit staatlichem Zwangskurs ist also die Beziehung zwischen Papiergeldeinheit und Goldquantum immer noch eine andere, als die Beziehung zwischen Papiergeldeinheit und Quanten anderer Waren. Beim heutigen Papiergeld kann man aber von einer solchen bevorzugten Beziehung zum Golde nicht mehr sprechen. Es vertritt unterschiedliche Einheiten einer Fülle von Waren bzw. keineswegs etwa nur oder bevorzugt die der Gold-Ware. Bestand doch beim früheren Papiergeld mit staatlichem Zwangskurs eine andere historisch-zeitliche Beziehung zu dem auf dem Gold bzw. Silber fußenden Preissystem. Außerdem existierte das Papiergeld mit staatlichem Zwangskurs in einer Welt, in der es noch Edelmetallwährungen gab, auf die Bezug genommen werden konnte. Das war recht deutlich auch im 20. Jh. in Deutschland auf dem Höhepunkt der Inflation, wo Berechnung in Goldpreisen im Grunde Berechnung in Dollarpreisen bedeutete. Heute gibt es aber eine solche Währungseinheit, die als Repräsentant des Goldes auftreten kann, überhaupt nicht mehr. Darin liegt also der erste Unterschied zwischen dem heutigen Papiergeld und dem Marx'schen Papiergeld mit staatlichem Zwangskurs. Der zweite Unterschied liegt darin, daß das heutige Papiergeld sich aus dem Kreditgeld entwickelt hat und nicht nur der

Haushaltsfinanzierung, sondern auch dem Kredit am privaten kapitalistischen Unternehmer dient. Natürlich bleibt aber auch bei dem heutigen Papiergeld die von Marx hervorgehobene Rolle des Staates im Zeitalter des staatsmonopolistischen Kapitalismus im allgemeinen und der staatsmonopolistischen Regulierung im besonderen bestehen; ja, sie nimmt sogar noch zu. Soviel also zum Wesen des heutigen Geldes, zum qualitativen Umschlag, der nach dem 2. Weltkrieg eingetreten war, ohne den wir solche Prozesse, wie die chronische Inflation, nicht verstehen können.

3. Die Folgen der Durchsetzung der Haupttendenz

Die fehlende Verknüpfung der umlaufenden Geldsurrogate, mit denen ja weiterhin Schulden bezahlt, Einkommen, Vermögen, Produktion gemessen wurde mit dem Golde, mußte dazu führen und führte dazu, daß zwei wichtige Funktionen des Goldes, des goldgedeckten Geldes, nicht mehr erfüllt werden konnten. Das waren einmal die Verhinderung einer langfristigen Entwertung der umlaufenden Geldeinheiten und zweitens die Aufrechterhaltung stabiler Relationen zwischen den einzelnen Währungseinheiten. Mit anderen Worten: die Umwälzung im Geldwesen, die Aufgabe des reellen Geldes, erlaubte eine Inflation und eine Destabilisierung der Währungsrelationen, wie sie bisher nur bei einer ähnlichen Aufgabe des reellen Geldes und seiner Ersetzung durch Papiergeld mit staatlichem Zwangskurs in Zeiten großer Kriege bzw. der ihnen unmittelbar nachfolgenden Jahre gegeben hatte. Die Inflation konnte damit zum Dauerprozeß werden.

Wir kommen damit zunächst auf jenen chronischen Inflationsprozeß, der die Gemüter in den kapitalistischen Ländern seit längerem so ausführlich beschäftigt. Ebenso wie für einen akuten Inflationsprozeß waren für diesen chronischen Prozeß wesentliche Änderungen der Währungsverfassung eine notwendige, aber keineswegs hinreichende Bedingung. Diese Änderungen bestanden einmal in der von uns bereits skizzierten Aufgabe der Gold- bzw. Edelmetallwährung. Ohne diese wäre es auch früher nicht zu den akuten Inflationen gekommen. Sie bestand weiterhin darin, daß dem Staat gestattet wurde, den Notenbankkredit zwecks Deckung von Haushaltsausgaben heranzuziehen. Erst diese beiden Änderungen zusammen ermöglichten eine schrankenlose Ausweitung des Kredit- und Geldvolumens. Damit aber aus dieser Möglichkeit der Inflation eine Wirklichkeit werden konnte, war ein starker, auf die rasche Erweiterung des Kredits und den entsprechenden Gebrauch der Notenpresse gerichteter Druck erforderlich. Dabei ist allerdings dieser Druck von der Änderung der Währungsverfassung in bezug auf den Kausalzusammenhang keineswegs säuberlich zu trennen; denn es ist derselbe Druck, der auf die Veränderung der Währungsverfassung, auf die Aushebung der Goldwährung gerichtet war, gewesen, der auf die schrankenlose Ausdehnung des Kreditvolumens hinwirkte. Oder, um ein historisches Beispiel zu nehmen: Im ersten Weltkrieg schaffte der kaiserliche Staat in Deutschland z. B. die Goldwährung gerade deshalb ab, weil er die Notenpresse für die Finanzierung seiner Rüstungsausgaben, für die Deckung des durch steiles Ansteigen der Rüstungsausgaben bedingten Haushaltsdefizite benötigte. Einen solchen Druck von Seiten des Staates hat es in der Zeit großer Kriege und unmittelbar danach gegeben.

Aus dieser Tatsache und der Tatsache, daß nur in solchen Zeiten die Gold- bzw. Edelmetallwährung aufgegeben wurde, hatte sich die falsche, in den 30er und 40er Jahren weit verbreitete These ergeben, eine Inflation sei eigentlich nur in solchen Zeiten möglich. Damit war, da im Kriege die Finanzierung des zunehmenden Haushaltsdefizits durch die Notenpresse im Vordergrund stand, eine weitere, aber keineswegs mit der ersten identische These verbunden, wonach beim Inflationsprozeß nur solche Defizitfinanzierung zu beachten sei. Bei der ersten These vernachlässigte man die einfache, soeben erwähnte Tatsache, daß die Gold- bzw. Edelmetallwährung eben in den führenden kapitalistischen Ländern früher nur in solchen Kriegszeiten bzw. unmittelbaren Nachkriegszeiten außer Kraft gesetzt wurde, während in der zweiten Hälfte des Jahrhunderts die Papierwährung zur Dauereinrichtung geworden ist. Deshalb konnte aus der früheren Erfahrung noch keine Aussage darüber gewonnen werden, wie sich der Inflationsprozeß unter der dauernden Herrschaft des Papiergeldes gestaltete, welche Ausmaße er annehmen würde. Die zweite These betreffs der Finanzierung des Haushaltsdefizits durch die Notenpresse als ausschließliche Ursache des Inflationsprozesses übersieht, daß selbst in Zeiten des ersten Weltkrieges und unmittelbar danach nicht nur die Finanzierung von Staatshaushaltsausgaben, sondern auch die schrankenlose Kreditfinanzierung von privaten Kapitalisten, die sogenannte Kreditinflation, eine wesentliche Rolle spielte.

Unter den Bedingungen der Aufgabe der Goldwährung und anderer entsprechender Änderungen des Währungssystems konnte auch diese schrankenlose Kreditfinanzierung von privaten Kapitalisten zu einer Inflation führen. Wir müssen hierbei beachten, daß es einen Druck zu solcher schrankenlosen Kreditausdehnung schon zuzeiten der Goldwährung während der aufsteigenden Phase des Zyklus gegeben hat. Im 3. Band des „Kapital" hat Marx — wie bereits erwähnt — mehrfach auf diesen Drang nach, wie er es nennt, Kreditaufblähung hingewiesen. Er hat in den Theorien „Der Mehrwert" darauf aufmerksam gemacht, daß eine „Inflacion of Prices" diese Aufschwungsphase charakterisiere. Der Kredit finanzierte also damals die Nachfrage zu steigenden Preisen und stützte demnach diese Preisbewegung. Wenn wir nun einmal ein Gedankenexperiment machen und annehmen, daß die Aufschwungsphase, insbesondere ihr Boomstadium, nicht nur wenige Jahre, sondern viel länger dauerte, wenn wir also annehmen, daß es zu dem gekommen wäre, was ich einmal als einen verlängerten Aufschwung bezeichnet habe, dann ergibt sich eine naheliegende und unabweisbare Schlußfolgerung. Diese lautet: Aus der Marx'schen „Inflacion of Prices" müßte sich dann ein chronischer Inflationsprozeß entwickelt haben, der mindestens solange dauern würde, wie eben dieser verlängerte Aufschwung. Damit wäre ein solcher verlängerter Aufschwung die zweite mögliche Situation für einen chronischen Inflationsprozeß.

Nun ist diese theoretische Möglichkeit des verlängerten Aufschwungs nach dem 2. Weltkrieg weitgehend zu einer Wirklichkeit geworden, und zwar auch auf der Grundlage der Aufgabe der Gold- bzw. Edelmetallwährung. Damals ist es bekanntlich zu nur sehr schwachen, bis 1966 nur auf die USA beschränkte Überproduktionskrisen gekommen. Wenn wir nun beachten, daß es schon unter der Herrschaft der Goldwährung bei Perioden, in denen die Aufschwünge die absteigenden Phasen des Zyklus in ihrer Länge, in ihrer Wirkungskraft bei weitem überwogen hatten, schon einen stark aufsteigenden Preistrend gegeben hat, so kann es nicht verwundern, daß der verlängerte Aufschwung in der Zeit nach dem 2. Weltkrieg durch eine solche anhaltende Preissteigerungsbewegung gekennzeichnet war. Überrascht hätte man nur von dem Gegenteil sein können. Allerdings unterscheidet sich der tatsächliche verlängerte Aufschwung von unserem theoretischen Modellbeispiel nicht nur dadurch, daß es in der historischen Wirklichkeit keinen reinen verlängerten Aufschwung, sondern eben doch kurze Krisen in dem größten Land des Weltkapitalismus gegeben hat. Er unterscheidet sich weiter vor allem dadurch, daß der Staat eine wesentliche Rolle gespielt, ja den verlängerten Aufschwung überhaupt erst möglich gemacht hat. In diesem Zusammenhang verdient die Rolle, die der Koreakrieg und später der Vietnamkrieg und nicht zuletzt auch der Kalte Krieg beim Aufschwung, beim chronischen Inflationsprozeß, große Beachtung. Hinzu kommt aber noch ein weiterer Faktor, der in unserer marxistischen Literatur sehr häufig genannt wird und der bei der von Marx erwähnten „Inflacion of Prices" noch keine wesentliche Rolle spielen konnte. Ich meine hierbei den Monopolisierungsprozeß. Von ihm sagte schon Lenin, daß er das Herauftreiben der Preise in der aufsteigenden Phase des Zyklus verstärkte. Darüber hinaus vermochte die Monopolisierung in der Zeit der Krise bereits vor dem 2. Weltkrieg den Fall der Preise in den stark monopolisierten Bereichen zunächst aufzuhalten. Es war zu erwarten, daß in späteren Krisen sich diese Hemmung des Preisfalls verstärken würde. Tatsächlich hat in der Zeit nach dem 2. Weltkrieg trotz eines Verzichtes auf offizielle Monopolverbände die Monopolisierung zugenommen, die Abhängigkeit der Preise von Markt und Zyklus abgenommen. Das schloß die Fähigkeit, Preiserhöhungen sogar bei sinkender Nachfrage, aber etwa bei steigenden Kosten vorzunehmen, ein.

Hinzu kam ferner, daß eine länger anhaltende Preissteigerungsbewegung sich verselbständigen muß, eine Art Trägheit entwickelt, die ein Verharren in der Preissteigerung sogar in Zeiten der Absatzkrise, also nicht bloß ein Aufhalten von Preissenkungen ermöglicht.

Schließlich ist noch ein weiterer Prozeß, der seit Anfang der 70er Jahre und allmählich an die Stelle des verlängerten Aufschwungs tritt, aber durch diesen verlängerten Aufschwung selbst induziert wird, von aktueller Bedeutung. Hier tritt ein Faktor in Erscheinung, den wir bisher bei der Analyse des Inflationsprozesses vernachlässigt haben. Bisher waren wir nur auf die Geld- und Kreditbewegung, auf ihre schrankenlose Ausdehnung eingegangen. Wir hatten aber nicht die Bewegung auf der Seite des Produktionsvolumens berücksichtigt. Theoretisch könnte sogar die Beibehaltung derselben Papiergeldmenge bei einem durch verminderte Reproduktion der Produktivkräfte, der durch ihre Zerstörung hervorgerufene Rückgang des Produktionsvolumens, zu einem Inflationsprozeß führen. Tatsächlich ist es auch im 1. Weltkrieg und auch 2. Weltkrieg in bestimmten kriegführenden Ländern zu einem solchen Rückgang des Produktionsvolumens, also zu Unterproduktionserscheinungen, einer Unterproduktionskrise gekommen. Und die durch diese Unterproduktionserscheinungen hervorgerufene Verteuerung war eine zusätzliche Antriebskraft für die Erhöhung des Geld- und Kreditvolumens, da z. B. der Staat als Hauptabnehmer der Industrie bei höheren Preisen eben doch mehr Geld brauchte, um die Rüstungsgüter bezahlen zu können. Wir können diese Beobachtung sogar verallgemeinern, indem wir folgendes feststellen:

Eine durch Unterproduktionserscheinungen und die damit verbundene Kostensteigerung hervorgerufene Preiserhöhung bilden einen eigenen, sich selbst verstärkenden Faktor der inflationären Preissteigerungsbewegung. Dabei ist auch zu berücksichtigen, daß Unterproduktionserscheinungen keineswegs auf die Kriegs- und unmittelbare Nachkriegszeiten beschränkt waren. In den meisten aufsteigenden Phasen des Zyklus schon im 19. Jahrhundert gab es, worauf Karl Marx im 3. Band des „Kapital" hinweist, relative Unterproduktionserscheinungen im Rohstoffsektor, insbesondere der Landwirtschaft, der eine relative Überproduktion in der Fertigwarenindustrie gegenüber stand. Die darin zum Ausdruck kommenden Disproportionen wurden durch die Überproduktionskrise rechtzeitig überwunden. Dabei muß man sich vor Augen halten, was früher, z. B. im Jahre 1873, eine rechtzeitige Überwindung bedeutete und wie das geschah. Die relative Unterproduktion führte damals während des Booms nicht nur zu einer Steigerung der Rohstoffpreise, sondern diese Steigerung wurde durch die Spekulation weit über das Ausmaß hinausgetrieben, das durch das Zurückbleiben der Rohstofferzeugung gegeben war. Aus diesem Grunde könnte bereits der Beginn der zyklischen Krise mit einem Preisfall, sogar Sturz der Rohstoffpreise verbunden sein. Das Angebot zu diesen gestiegenen Goldgeldpreisen war eben weit größer als die Nachfrage. Bei einem Hinauszögern der zyklischen Krise hätte der Rückgang der Industrieproduktion in einer Zeit steigender Rohstoffpreise stattgefunden, ja wäre durch sie unmittelbar induziert. Gerade letzteres ist 100 Jahre später, 1973/74 eingetreten, als Rohstoff-, insbesondere Mineralölpreise am Anfang der Krise stiegen und damit dazu beitrugen, daß die Preiserhöhungen während der Krise zunächst weitergingen, zum Teil sogar in erhöhtem Tempo. Das hängt damit zusammen, daß die Krise von 1973 mit Unterproduktionserscheinungen unmittelbar verknüpft war und dieser ihr nicht nur vorausgingen. Auch in der Gegenwart dürften chronische Unterproduktionserscheinungen, insbesondere die Energiekrise, den allgemeinen Inflationstrend nicht nur einfach weiter verstärken. Sie werden sogar in einem entscheidenden inflationstreibenden Faktor, wobei sie den verlängerten Aufschwung in dieser Rolle ablösen.

Die chronische Inflation, die chronische innere Entwertung der einzelnen nationalen Papiergeldsorten, vollzog sich aber auch in den fortgeschrittenen kapitalistischen Ländern in unterschiedlichem Tempo. Dieses unterschiedliche Tempo mußte letzten Endes auch zu einer Verschiebung des relativen Wertes, des relativen Kurses der einzelnen Währungseinheiten zueinander führen, d. h. also zur Beseitigung der Stabilität des äußeren Währungsverhältnisses, zu Währungskrisen. Dabei war es von besonderer Bedeutung, daß die USA stärker von dem Inflationsprozeß betroffen waren als andere fortgeschrittene kapitalistische Länder, z. B. Japan, BRD und die Schweiz. Das mußte die Rolle des Dollars als Reservewährung, als einen schlechten Goldersatzes erschüttern. Das führte dazu, daß andere kapitalistische Länder schließlich nicht mehr wie bisher bereit waren, jede Quantität Dollars in die eigene Währung zum gleichen Kurs umzutauschen und damit die Inflation zu importieren, wie man sagte, oder richtiger, den eigenen Inflationsprozeß dem der USA anzugleichen. Dabei war der erhöhte Inflationsprozeß in den USA eine Folge der kostspieligen Kriege und militärischen Stützpunkte. Hinzu kam, daß die USA immer mehr zu einem Rohstoff importierenden Land wurde, was die Handels- und Zahlungsbilanz zu ihren Ungunsten verschob.

Währungskrisen, das Ende der Führungsstellung der USA, kennzeichneten die neue Situation des Verhältnisses der einzelnen kapitalistischen Währung untereinander. Es soll hier nicht auf die Gegenmaßnahmen eingegangen werden, die man getroffen hat, um wenigstens zu stabilen Währungsrelationen zu gelangen; Maßnahmen, die insbesondere im Rahmen der EG zum sogenannten europäischen Währungssystems führten. Aber man ist sich bei den ersten Währungsexperten der kapitalistischen Länder darüber im klaren, daß, solange die inneren Inflationsprozesse andauern und diese im unterschiedlichen Tempo verlaufen, Währungsauf- und Abwertungen unvermeidlich sind. Andererseits ist das unterschiedliche Tempo der Inflation wieder eine Folge der bekannten Tatsache, daß die staatsmonopolistische Regulierung und ihr Geldinstrumentarium immer noch nicht internationalisiert ist, sondern von den einzelnen Staaten unterschiedlich, trotz aller Kooperationsversuche, ausgeübt werden. Eine internationale kapitalistische Währung liegt aber noch in weiter Ferne. Dennoch dürfte man in der Annahme nicht fehl gehen, daß verstärkte internationale Koordinierung auch in Zukunft versucht werden wird. Darauf drängt trotz aller zwischenzeitlicher Widersprüche die steigende Labilisierung durch Inflation, fortdauernde relative Unterproduktion (Energiekrise) mit relativer Überproduktion der Industrie, die nicht zuletzt durch die steigende Verselbständigung der ehemaligen Kolonialländer gekennzeichnet ist.